BEI GRIN MACHT SICH IHR WISSEN BEZAHLT

Bibliografische Information der Deutschen Nationalbibliothek:

Die Deutsche Bibliothek verzeichnet diese Publikation in der Deutschen National-bibliografie; detaillierte bibliografische Daten sind im Internet über http://dnb.d-nb.de/ abrufbar.

Dieses Werk sowie alle darin enthaltenen einzelnen Beiträge und Abbildungen sind urheberrechtlich geschützt. Jede Verwertung, die nicht ausdrücklich vom Urheberrechtsschutz zugelassen ist, bedarf der vorherigen Zustimmung des Verla-ges. Das gilt insbesondere für Vervielfältigungen, Bearbeitungen, Übersetzungen, Mikroverfilmungen, Auswertungen durch Datenbanken und für die Einspeicherung und Verarbeitung in elektronische Systeme. Alle Rechte, auch die des auszugsweisen Nachdrucks, der fotomechanischen Wiedergabe (einschließlich Mikrokopie) sowie der Auswertung durch Datenbanken oder ähnliche Einrichtungen, vorbehalten.

Impressum:

Copyright © 2016 GRIN Verlag
Druck und Bindung: Books on Demand GmbH, Norderstedt Germany
ISBN: 9783668375888

Dieses Buch bei GRIN:

https://www.grin.com/document/350605

Alex Yegudin

Gruppentraining und Kursplananalyse. Kursplan einer Wirbelsäulengymnastik

GRIN Verlag

Deutsche Hochschule für
Prävention und Gesundheitsmanagement
Hermann Neuberger Sportschule 3
66123 Saarbrücken

Einsendeaufgabe

Fachmodul: Gruppentraining I

Studiengang: Bachelor Fitnessökonomie

Name, Vorname: Yegudin, Alexander

Semester: **WS15**

Inhaltsverzeichnis

1 Kursteilnahme an einem Hot Iron® Kurs

Zur Bearbeitung der Aufgabe wurde ein Hot Iron®-Kurs besucht, die eine 60-minütige Kurseinheit entspricht. Der Kurs, denn der Autor besucht hat ist nur für Einsteiger gedacht.

1.1 Phasenverlauf des Hot Iron®-Kurses

Gleich am Anfang begrüßte die Trainerin alle Teilnehmer freundlich und fragte nach dem Ergehen vom letzten Training. Da der Autor ein Neueinsteiger war, kam die Trainerin zu ihm, stellte sich kurz vor und erklärte ihm alles was er für diesen Kurs brauchet und auf welche Höhe er den Stepp einstellen sollte und welche Gewichte er lieber nehmen sollte, damit er sich nicht überanstrengte. Sie erklärte kurz allen Teilnehmern wie die ersten Übungen aussehen soll, damit die Teilnehmer schon wissen was auf Sie in diesen 60 Minuten alles zukommt. Im allgemeinem und speziellen Warm-Up wurde das Herz-Kreislauf-System in die Gänge gebracht und auf den Hauptteil vorbereitet. Die Trainerin begann zuerst mit kleinen Bewegungen, die immer größer und erschwerter wurden. Gleich vor Beginn an war jeder Teilnehmer höchst konzentriert. Beim speziellen Warm-Up haben wir nur mit der Langstange ohne Gewichte trainiert, dann wurden die ersten Übungen für Beine- und Rückenbereich durchgeführt. Das Tempo war zuerst langsam, damit man die Übungen richtig ausführen konnte. Den Teilnehmern war jetzt klar, dass Sie ein intensives Work-Out erwartet. Die Teilnehmer wurden von der Musik und der Trainerin auf Höchstleistungen gebracht und motiviert. Im Hauptteil wurde zunächst die Beinmuskulatur trainiert, die Langstange lag dabei mit zusätzlichen Gewichten auf dem Nacken, was für ein intermuskuläres Training sprach, da die Langstange ganze Zeit bei Kniebeugen in Bewegung war. Als Schwerpunkte waren die nächsten Übungen für Rücken und Arme. Nach jedem Lied gab es eine kleine Pause zum Auflockern. Am Ende des Hauptteils wurden Übungen für Bauch auf der Matte durchgeführt. Danach ging es mit Cool down II weiter, da währen der Bauchübung auf die Langstange verzichtet wurde, kann man das Bauchmuskeltraining als Cool down I bewerten, denn der Puls konnte sich dadurch deutlich verringern. Im Cool down II wurden leichte auflockernde Übungen im Stehen durchgeführt. Der Kurs wurde so zusammengestellt, dass man kaum ein Unterschied zwischen den Phasen bemerkte, wann das Warm-Up endete und wann Cool down begann.

1.2 Motorische Fähigkeiten bei Hot Iron®

Der Kurs verbessert die Kraft- und Ausdauerfähigkeit. Es waren zwei Übungen die für mich diese Fähigkeiten erfüllten, nämlich das Bankdrücken und Bizepscurl mit Langhantel, da es mit einer Langhantel und unterschiedlichen Gewichten ausgeübt wurde. Bei Bankdrücken und Bizepscurls war nicht nur die Ausdauer- sondern auch die Kraftfähigkeit beteiligt, denn es kommt auf den Leistungsgrad drauf an, wie viele Gewichte es bewältig werden kann. Die Übungen werden im Takt der Musik gemacht was zu einer erhöhten Ausdauerfähigkeit führt.

1.3 Betrachtung des Kursleiterverhaltens

Der Gruppentrainer unterliegt nach Eifler und Ries (2015, S. 90) mehreren Funktionen, die er unbedingt erfüllen muss. Der Trainer trägt einen entscheidenden Teil zum Erfolg des Kurses. Hier wird besonders auf Funktion des Lehrers, Funktion des Vorbilds, Funktion des Dienstleisters und auf die Funktion des Animateurs eingegangen.

1.3.1 Funktion des Lehrers

Laut Reiß und Eifler (2015, S. 90) soll die Trainerin bevor der Kurs beginnt, die Inhalte der jeweiligen Stunde ansprechen. Die Ziele sind klar definiert und auf Zielgruppe abgestimmt. Die Trainerin gibt den Teilnehmern Optionen mit wie viel Gewichten diese persönlich trainieren wollen und so ihren passenden Leistungslevel zu finden. Sie selbst führt die Übungen sehr präzise und mit viel Kraft aus, um die Teilnehmer zu kontrollieren wie sie die Übungen ausführen und sie zu motivieren. Nach dem Kurs steht die Trainerin zur persönlichen Beratung zur Verfügung um die Fragen der Teilnehmer zu beantworten.

1.3.2 Funktion des Dienstleisters

Nach Reiß und Eifler (2015, S. 91) sollte die Gruppentrainerin immer 15 Minuten vor Beginn des Kurses im Raum anwesend sein, um neue Teilnehmer persönlich zu begrüßen. Sie muss alles prüfen, ob alles im Raum funktioniert wie die Musikanlage und ob genügend Geräte vorhanden sind und sie Mängelfrei sind. Der Trainer muss auch vom Leistungslevel her auf die Einsteiger eingehen können. Diese Aufgaben erfüllte die Trainerin sehr gut und damit war auch genügend Zeit, um die Teilnehmer über den Kursinhalt zu informieren.

1.3.3 Funktion des Vorbilds

Laut Reiß und Eifler (2015, S. 91) sollte die Trainerin im Kurs immer eine sportliche Bekleidung mit passendem Schuhwerk tragen. Sie sollte ein Vorbild für die Teilnehmer

4

sein, indem Sie ein Handtuch auf die Matte aus rein hygienischer Maßnahmen legen. Die Übungen sollen korrekt ausgeführt werden. Die Trainerin war in dem Kurs sehr vorbildlich und ging auf Teilnehmer ein.

1.3.4 Funktion des Animateurs

Nach Reiß und Eifler (2015, S. 91) sollte die Gruppentrainerin Spaß und gute Laune verbreiten. Sie muss ständig präsent sein und ihren privaten Stress vergessen und nur noch für die Teilnehmer da sein, was Sie auch sehr gut geschafft hat. Auf Kritik reagiert sie recht professionell und bemühte sich schnellstmöglich eine Lösung zu finden.

2 Externe Bedingungen einer Kurseinheit

Im Folgendem Text werden diverse externe Bedingungen von jeweils zwei Beispielen erklärt und welche Auswirkungen auf den Kurs es haben könnte.

2.1 Die Rahmenbedingungen

Bevor man mit der Planung einer Kursstunde beginnen kann, muss man sich mit den Rahmenbedingungen vertraut machen. Dazu gehören unter anderem, der Ort, an dem der Kurs stattfinden soll und die Ausstattung die einem zu Verfügung steht (Reiß & Eifler, 2015, S. 68).

2.1.1 Räumlichkeiten

Nehmen wir an, an einem Step-Kurs sollen 15 Personen teilnehmen und der Raum ist 20qm groß. Die zu Verfügung stehende Fläche wirkt sich auf das Training aus, denn der Raum ist eventuell nicht groß genug um die Übungen überhaupt richtig und ohne Unfälle ausführen zu können und ist dadurch nicht empfehlenswert (Reiß & Eifler, 2015, S. 68).

2.1.2 Die Ausstattung

Die Ausstattung ist eines der wichtigsten Faktoren in einem Gruppentraining. Die Ausstattung muss immer vor dem Kurs vom Trainer überprüft werden. Nehmen wir nochmals den Step-Kurs. Wenn 15 Personen teilnehmen sollen und nicht genug Stepper vorhanden sind, muss der Trainer dies einkalkulieren und mehr Stepper besorgen oder flexibel drauf reagieren und sich irgendwas ausdenken. Die Musikanlage sollte ebenfalls kontrolliert werden und die Musik muss auf den Kurs abgestimmt sein. Außerdem muss die Ausstattung auf Mängel oder Schäden kontrolliert werden (Reiß & Eifler, 2015, S. 68).

5

2.2 Zielgruppe

Damit die Planung des Kurses leichter wird, sollte man sich die Zielgruppen genauer anschauen, dadurch fällt auch die Wahl der Musik leichter aus (Reiß & Eifler, 2015, S. 69).

2.2.1 Leistungslevel

Jeder Kurs sollte einen bestimmten Leistungslevel haben. Damit bei einem Fortgeschrittenenkurs, keine Einsteiger mitmachen, denn sie werden gleich von den schweren Übungen überfordert und kommen dann eventuell nicht mehr wieder. Genauso ist es andersrum, wenn Fortgeschrittene bei einem Einsteigerkurs mitmachen, werden sie möglicherweise nicht genug gefordert und langweilen sich dann. Als Kursleiter, sollte man deshalb auch immer verschiedene Schwierigkeitsstufen für eine Übung anbieten um alle im Kurs optimal zu belasten. Als Beispiel kann man hier den Bankstütz nehmen. Man kann diese Übung mit den Knien am Boden machen, wodurch sie einfacher wird oder mit einem Fuß in der Luft, wodurch sie schwieriger ist (Reiß & Eifler, 2015, S. 69).

2.2.2 Alter

Der Kurs sollte für eine bestimmte Altersgruppe bestimmt sein, man kann nicht jüngere mit älteren Personen zusammentun, denn sie haben ein unterschiedliches Leistungslevel und der Trainer muss auf die Teilnehmer flexibel reagieren. Jüngere Leute können üblicherweise schwierigere Übungen machen als ältere Teilnehmer. Aber auch hier sollte der Kursleiter verschiedene Schwierigkeitsstufen bei den Übungen anbieten (Reiß & Eifler, 2015, S. 69).

2.3 Zielsetzung

Der Trainer will mit Zielen zeigen, was er mit den Teilnehmern erreicht will, dabei ist der Zusammenhang zwischen der Zielsetzung und der Zielgruppe sehr wichtig. Dagegen das Ziel muss der Zielgruppe angepasst werden und umgekehrt muss der Kurs mit den Zielen der Zielgruppe kommuniziert werden (Reiß & Eifler, 2015, S. 70).

2.3.1 Kurzfristige Ziele

Beziehen sich auf die konkreten Stunden (Reiß & Eifler, 2015, S. 70). Ein Teilnehmer erlernt innerhalb von 45 Minuten eine Übung oder Schritte, die er vor dem Kurs noch nicht kannte und hat sich als Ziel gesetzt diese Übung bzw. die Schritte zu lernen.

2.3.2 Langfristige Ziele

Beziehen sich auf mehrere Stunden, Monaten oder Jahren (Reiß & Eifler, 2015, S. 70).

Ein Teilnehmer, der als Ziel gesetzt Rückenmuskulatur zu stärken und Schmerzempfinden zu lindern, kann diese nicht in kurzer Zeit erreichen. Damit dieses Ziel erreicht werden kann muss man längerfristig denken und viel Zeit investieren.

3 Kursplananalyse

Abb. 1: Kurs Plan (BodyGym, 2016)

Aus einer wirtschaftlichen Sicht sind Auslastungen des Kurses besonders wichtig. Es fängt schon mit einer Studio-Philosophie an, denn jedes Fitnessstudio muss eine Philosophie haben (Reiß & Eifler, 2015, S. 141). Bei dem Fitnessstudio steht mehr Gesundheit an erste Stelle. In dem Kurs Plan sind Spezielles und Vielschichtiges Publikum gefragt. Bei Rehasport sind nur Leute drin, die vom Arzt ein Rezept verordnet bekommen haben und werden auch von Krankenkassen bezahlt, also spezielles Publikum und wird nur von Rehasportverein geleitet. Dieser Kurs ist gesundheitsorientiert. Bei Step-Classic ist eher vielschichtiges Publikum gefragt und ist Ausdauer- und Koordinationsorientiert. Die Auslastung der Kursräume (Reiß & Eifler, 2015, S. 142) werden sehr gut genutzt, es gibt Vormittagsprogramme und Abendprogramme auch am Samstag und Sonntag wird der Kursraum genutzt. Die Vermietung des Raumes ist organisiert, nämlich an

Rehasportverein. Auslastung der Kurse werden kontrolliert (Reiß & Eifler, 2015, S. 142), da der Kurs Plan seit 1 September 2015 im Umlauf ist, wissen die Betreiber wie viel Teilnehmer an den Kursen teilnehmen, was sehr gut ist.

Aus organisatorischer Sicht, spielen die Räumliche Voraussetzung und eine Ablauforganisation im Fitnessstudio eine große Rolle (Reiß & Eifler, 2015, S. 144). In dem Kurs Plan sind Räumliche Voraussetzungen gut erfüllt, denn es gibt viel Platz für die Teilnehmer, damit sie sich frei bewegen können bzw. ungestört die Übungen ausführen können, nehmen wir den Hot Iron® und Step-Classic Kurs, man braucht für Hot Iron® und für Step-Classic Platz, nicht nur für die Geräte, sondern auch für die Teilnehmer die ohne Problem auf dem Stepper die Übungen ausführen können und ohne andere Teilnehmer zu stören, diese Voraussetzung wurde sehr gut erfüllt, jeder Teilnehmer hat genug Platz zu trainieren. Auch die Spiegel und die Sauerstoffzufuhr sind super gut gelöst, jeder Teilnehmer kann problemlos atmen und sich im Spiegel beobachten und sich selber betrachten, ob er die Übung richtig ausführt. Auch Kleingeräte (Reiß & Eifler, 2015, S. 144) wie z.b. Hanteln, Steps, Matten für Hot Iron®, für Step-Classic und für Rückenübungen und Reha-Kurs sind vorhanden, jeder Teilnehmer kann es nehmen und benutze. Es wird in der organisatorischen Sicht bei diesem Kurs Plan zwischen den Vormittags-, Nachmittags- und Abendprogrammen unterschieden. Bei den Vormittagsprogrammen sind jeden Tag verschiedene Kurse mit einer Kinderbetreuung bis Donnerstag von 9 bis 11 Uhr unterwegs, hier wird besonders auf die Mütter und ältere Menschen spezialisiert, am Nachmittag sind keine Kurse, da viele in der Arbeit sind und haben keine Zeit am Nachmittag zu trainieren, außer am Donnerstag da findet regelmäßig ein Reha-Kurs statt in Kooperation mit Rehasportvereinen. Dagegen am Abend sind sehr viele Kurse, die eher Ausdauer- und Kraftorientiert und auf dem berufstätigen Bürger zugestimmt sind. Auch Wochenendprogramme (Reiß & Eifler, 2015, S. 144) gibt es, nämlich am Samstag ein BBP Weekend und am Sonntag ein Figurtraining und Dance Work-out. Die Kurse finden in der Früh statt. Diese Kurse sind Ausdauer-, Kraft- und Koordinationsorientiert. Die Studiospezifische Zeiten (Reiß & Eifler, 2015, S. 145) orientieren sich an den Öffnungs- und Stoßzeiten. Das Studium öffnet um 8 Uhr und der erste Kurs beginnt am Montag um 8.15, die anderen Tage beginnen die Kurse um 9 Uhr. In den Stoßzeiten werden besonders viele Kurse angeboten, damit es nicht so voll auf den Trainingsflächen wird. In den Stoßzeiten fangen die Kurse ab 17.30 und gehen bis 20.30, in dieser Zeit kann sich jeder Teilnehmer aussuchen bei welchem Kurs und wann er mitmachen will.

Betrachtet man aus einer trainingswissenschaftlichen Sicht sollten folgende Punkte bei der Kursplankonzeption beachtet werden (Reiß & Eifler, 2015, S. 146). Die Kurse sind sehr gut durchdacht, da ein Kurs zwischen 45 und 60 Minuten dauert, außer Samstag da dauert der BBP Weekend Kurs 90 Minuten. Auch die nacheinander folgenden Kurse passen sehr gut zusammen, nehmen wir Montag. Zuerst wird eine Ausdauer- und Koordinationsorientiertes Training durchgeführt, danach folgen zwei Kurse die aus Ausdauer, Kraft und Straffung bestehen (BodyGym, 2016). Die Kurse haben eine klare Struktur vor allem in der Aufbau- und Ablauforganisation. Jeder Gruppentrainer ist für seinen Kurs verantwortlich bzw. spezialisiert, wenn die Kurse sehr gut zusammenpassen, dann übernimmt der jeweilige Trainer diese zwei Kurse. Auch ein Feedback an den Trainer ist am Ende des Kurses hilft dem Trainer sich zu verbessern bzw. weiterzuentwickeln und bei der nächsten Stunde viel besser auf dieses Feedback einzugehen.

Die Aufbauorganisation ist nach Angaben von Reiß und Eifler (2015, S. 147) mit Strukturierung des Unternehmens beschäftigt. Bei Ablauforganisation steht eher die Festlegung der Arbeitsprozesse unter Berücksichtigung von Raum, Zeit, Sachmitteln und Personen im Mittelpunkt (Reiß & Eifler, 2015, S. 147-148). Durch Einteilung in Leistungsstufen wird der ganze Kurs, nicht nur für den Gruppentrainer, sondern auch für die Teilnehmer selber erleichtert. In diesem Kurs Plan ist eher schwer zu sagen wer Einsteiger und wer Fortgeschrittene sind. Je nachdem ob die Gruppentrainer wissen, dass paar neue Teilnehmer an dem Kurs teilnehmen, werden ihnen kurze und knappe Erläuterung gegeben um schnell mit dem Kurs anzufangen. Die Bestimmung des Kursumfangs bzw. der Dauer des Kurses kommt drauf an, ob es ein Reha-Kurs der 45 Minuten ist oder ein Ausdauer-, Kraft-, Gesundheits- und Koordinationsorientierten Kurs ist, der 60 Minuten dauert, außer am Samstag da dauert der BBP-Kurs 90 Minuten und am Sonntag der Dance Work-out 45 Minuten. Die Gruppentrainer in diesem Fitnessstudio sind schon seit vielen Jahren dabei und leiten erfolgreich diese Kurse, sie sehen nicht nur Topfit aus, sondern leben auch davon. Von meiner Seite gibt's fast keine Verbesserung. Das Fitnessstudio ist sehr beliebt und gut besucht. Paar Kurse am Nachmittag für Schüler und Studenten wäre eine gute Ergänzung, um noch mehr die breitere Maße anzusprechen, vor allem die jungen Leute, die für Ihre Gesundheit was tun wollen.

4 Planung einer Wirbelsäulengymnastik

Die folgenden Seiten beschäftigen sich mit einer Planung einer 45-minütige Kurseinheit zum Thema Wirbelsäulengymnastik. Dabei geht man auf die Zielgruppe, Material und Stundenplanung ein.

4.1 Zielgruppe der Probanden

Tab. 1: Zielgruppe (modifiziert nach Reiß & Eifler, 2015, Studienbrief Gruppentraining I, S.66 – 67)

Gruppengröße:	10 Personen
Alter:	35- 50 Jahre
Geschlecht:	Männer und Frauen
Leistungslevel / Vorkenntnisse:	Einsteiger bis Fortgeschrittene

4.2 Benutzung des Materials

Für die bequeme und ordentliche Ausführung der Übungen bräuchte man nur eine Gymnastikmatte, die schon vor dem Kurs vorbereitet ist und ein Handtuch für hygienische Zwecke, die von Mitgliedern selber mitgebracht werden müssen, im Notfall sollte paar Handtücher als Ersatz vorbereitet werden.

4.3 Vorbereitung eines 45-minütigen Stundenplans

Tab. 2: Allgemeines Warm-Up

Allgemeines Warm-Up (3 Minuten)				
Ziel der Übung	Name der Übung	Übungsbeschreibung	Belastungsgefüge	Hinweise/ Bemerkungen
Erwärmung der Beinmuskulatur Vorbereitung der Herz-Kreislauf-Systems	Marschieren	-Beine hüftbreit auseinander -Bauchmuskeln anspannen und rechtes Knie anheben, linke Hand nach vorn	15 Wiederholungen (1 Minute marschieren)	Rücken immer gerade halten
Den Nacken entspannen. Dehnung und Kräftigung der Nackenmuskulatur	Kopf drehen von Schulter zur Schulter	-Kopf langsam nach links und rechts drehen, -ruhig Atmen	10 Wiederholungen	Rücken und Kopf gerade halten Schultern unten lassen

Tab. 3: Spezielles Warm-Up (Gottlob, 2013)

Spezielles Warm-Up (3 Minuten)

Ziel der Übung	Name der Übung	Übungsbeschreibung	Belastungsgefüge	Hinweise/ Bemerkungen
Dehnung des Schultergürtels	Dehnung der Schulterblätter	aufrechter Stand Arm überkreuzen und nach hinten mit Hilfe von anderem Arm dehnen	Je Seite abwechselnd 10 Wiederholung	Rücken und Kopf gerade halten. Arm nicht viel überstrecken
Mobilisation der Lendenwirbelsäule und Beckengelenk Aktivierung der unteren Rückenmuskulatur	Beckenkreisen	stabiler Stand, aufrechte Haltung Hände in die Hüfte mit dem Becken kreisen.	20 Wiederholungen	Rücken und Kopf gerade halten Oberkörper ruhig halten

Tab. 4: Hauptteil **(Daytraining, 2016)**

Hauptteil (30 Minuten)

Ziel der Übung	Name der Übung	Übungsbeschreibung	Belastungsgefüge	Hinweise/ Bemerkungen
Trainieren den Rückenmuskel, Bizeps und Trapezmuskel	Vorgebeugtes Rudern	-vorbeugen arme nach unten und mit Körperspannung -ziehe die Arme zu Brust und dann wieder langsam nach unten	20 Wiederholungen. Nach jedem Wiederholungssatz 1 Minute Pause	Rücken gerade halten und natürlich angespannt Schulterblätter zusammen kommen lassen
Trainieren von seitlichen Bauchmuskulatur	Seitstütz	-entweder mit linken oder rechten Seite. Eine Fußaußenkante und ein Unterarm berühren den Boden	Je Seite 2x30 Sekunden Nach jeder Wiederholung 1 Minu-	Unterarm zeigt vom Körper in Blickrichtung weg Schwierigkeits-

11

		-Körper anspannen in einer Linie	te pause	grad ändern (Knie am Boden lassen)
Rückenstrecker sorgt für geraden Rücken Po und Beinstrecker arbeiten intensive	Rumpf heber	-liege auf dem Rücke, Beine sind angewinkelt -Po hochheben Arme als Stabilisator, danach Po runter aber nicht auf den Boden und wieder Po hochstrecken	2x 20 Wiederholungen Nach jedem Wiederholungssatz 1 Minute Pause	Oberschenkel sind in gerader Linie
Trainieren von Po-muskeln sowie Rücken Koordination wird geschult und Rumpfmuskeln	Vierfüßlerstand Zusammenführen diagonal von Arm und Bein	-Bein und Arm diagonal gerade strecken Bilde einer Linie -führe Ellenbogen und diagonales Knie unter Körper zusammen	Je Seite 20 Wiederholungen Nach jedem Wiederholungssatz 1 Minute Pause	Rücken gerade halten Kopf nach unten Verlängerung des HWS Bereichs
Fokus auf Rückenstrecker und Po	Superman	-auf dem Bauch liegen. Arme nach vorn ausstrecken -Beine und Arme hochheben, LWS-Bereich anspannen	10 Wiederholungen je 15 Sekunden halten 15 Sekunden Pause	Bauch und Rücken anspannen Kopf unten halten
Korrekte Ausführung der obere Bauchmuskulatur, untere Bauchmuskulatur	Crunches	-ausgangsposition ist eine liegende Position. -Bauch anspannen Schultern und Oberkörper leicht aufrichten und Oberkörper vom Boden hochheben	20 Wiederholungen Danach 1 Minute Pause	Schultern nicht auf den Boden absetzten. Spannung im Bauch halten. Schwierigkeitsgrad ändern (Arme aufBrust überkreuzt)
Rücken stärken und Bauchmuskeln stärken	Unterterarm armstütz	-liegende Position, Oberkörper auf die Unterarme gestützt ist Kom-	4x 30 Sekunden und 1 Minute Pause nach	Ellenbogen auf Schulterhöhe liegen parallel zueinander. Bauch und Hüftbereich in eine Linie mit Schultern

		plette Spannung	jeder Wie- derholung	Schwierigkeitsgrad ändern (Knie am Boden)

Tab. 5: Cool down I **(Lecoutré, 2006)**

Cool down I (10 Minuten)

Ziel der Übung	Name der Übung	Übungsbe-schreibung	Belastungs-gefüge	Hinweise/ Bemerkun-gen
Entspannung der Muskeln Puls senken	Phantasie-reise	in Rückenlage auf dem Boden ruhig ein und ausatmen	Keine	so liegen wie es am bequemsten ist Augen zu und sich alles vor-stellen

Tab. 6: Cool down II

Cool down II (3 Minuten)

Ziel der Übung	Name der Übung	Übungsbe-schreibung	Belas-tungsge-füge	Hinweise/ Bemer-kungen
Mobilisierung und Kräftigung der Schulter Nacken Musku-latur	Beide Schul-tern hoch heben und runterlassen	-Füße hüftbreit hinstellen. Bauch und Ge-säßmuskeln an-spannen	20 Wie-derholun-gen	-Entspannte Kopf-haltung -Rücken gerade halten
Dehnung und Kräftigung der Brust- und Schultermusku-latur	Beide Schul-tern kreisen	Schulter große Runde Bewe-gungen kreisen	10 Wie-derholun-gen nach vorn und zurück	Rücken gerade lassen

Im Warm-Up und im Speziellen Warm-Up werden alle Muskeln aufgewärmt und auf den Hauptteil vorbereitet. Wir fangen mit einfachem Marschieren an und gehen bis zur Schultern kreisen, also von statischen ins dynamische. In dem Speziellen Warm-Up verwenden wir eine Matte. Im Hauptteil sind die Übungen speziell für Stärkung der Rücken- und Bauchmuskulatur. Die Übungen sind Gesundheitsorientiert (Reiß & Eifler, 2015, S. 66). Dabei gehen wir auch hier von statischen Übungen in die dynamischen

Übungen. Im Cool down I werden Augen zu gemacht und der Trainer liest eine Phantasiereise. Auf der Matte in gewünschten Position liegen bleiben. Die Übung ist dazu da, um den Puls und Körpertemperatur zu senken (Reiß & Eifler, 2015, S. 67). Wichtig, dass bei Cool down I in Cool down II vom liegenden Position ins aufrechte kommt, damit man den Puls bisschen hochpuscht, dass die Teilnehmer wieder „aufwachen".

5 Literaturverzeichnis

BodyGym. (2016). *Kurs Plan*. Abgerufen am 5. Mai 2016 von http://www.fitness-straubing.de/kurse

Daytraining. (2016). *Die besten Rückenübungen für Zuhause*. Abgerufen am 5. Mai 2016 von http://www.daytraining.de/fitness/rueckenuebungen-fuer-zuhause/

Gottlob, A. (2013). *Differenziertes Krafttraining: mit Schwerpunkt Wirbelsäule - mit Zugang zum Elsevier-Portal*. München: Urban & Fischer. Abgerufen am 5. Mai 2016 von http://www.daytraining.de/fitness/aufwaermuebungen/

Lecoutré, R. (2006). *Phantasiereise - Engel im Park*. Abgerufen am 7. Mai 2016 von http://www.meditationsleiter.de/wp-content/uploads/phantasiereise_engel_im_park.pdf

Reiß, M., & Eifler, C. (2015). *Studienbrief Gruppentaining I*. Saarbrücken: Deutsche Hochschule für Prävention und Gesundheitsmanagement.

6 Abbildungs- und Tabellenverzeichnis

6.1 Abbildungsverzeichnis

6.2 Tabellenverzeichnis